Cuaderno de orientación al estu

PEARSON
Prentice Hall

Boston, Massachusetts
Upper Saddle River, New Jersey

ISBN 0-13-190029-3

2 3 4 5 6 7 8 9 10 10 09 08 07 06

Tiempo y clima

Nombre ______________________ Fecha ________________ Clase __________

Destrezas clave de lectura

Identificar ideas principales

Identificar las ideas principales te ayuda a comprender lo que lees. A veces la idea principal se encuentra fácilmente; por ejemplo, supón que lees sólo un párrafo. Por lo general, la idea principal se encuentra en la primera oración, la que enuncia el tema. Las otras oraciones del párrafo aportan detalles de apoyo o sustentan las ideas de la oración del tema.

Pero otras veces la primera oración no enuncia el tema. En esos casos hay que profundizar. Es útil leer el párrafo y resumirlo. El resumen te indica la idea principal.

Un libro tiene muchos párrafos, cada uno con su idea principal. Sin embargo, así como un párrafo tiene una idea principal y detalles de apoyo, lo mismo pasa con el texto bajo cada encabezado del libro. En algunas ocasiones la idea principal es el propio encabezado; en otras, es más difícil encontrarla y hay que deducirla combinando la información de varios párrafos.

Para practicar esta destreza, usa un organizador gráfico como el que sigue.

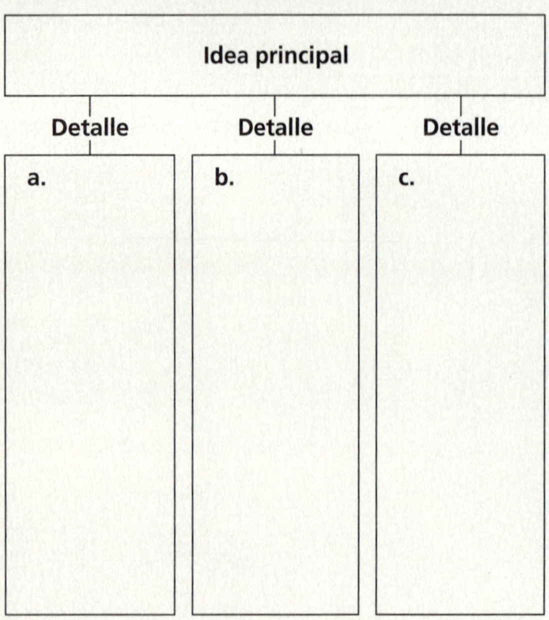

Hacer un esquema

En un esquema se muestra cómo se relacionan los detalles de apoyo con las ideas principales. Puedes hacer un esquema mientras lees. Esta destreza te convierte en un lector más atento.

Tu esquema puede estar compuesto de oraciones, frases simples o palabras sueltas. Lo que importa es que sigas una estructura formal. Para hacer el esquema mientras lees, traza un plan como el que sigue.

I. Título de la sección
- A. Encabezado principal
  - 1. Subencabezado
    - a. Detalle
    - b. Detalle
    - c. Detalle

Las ideas o temas principales se indican con números romanos. Los detalles de apoyo o los subtemas se indican con las letras A, B, C, etc. Se pueden añadir otros niveles de información de apoyo bajo los encabezados. Cuando haces un esquema de esta manera, decides qué importancia tiene una información particular.

Nombre ______________________ Fecha __________________ Clase ___________

Comparar y contrastar

Puedes comparar y contrastar para comprender mejor las semejanzas y diferencias entre dos o más conceptos. Mientras lees, busca palabras que den claves. Cuando los conceptos o los temas son semejantes, quizá veas palabras del tipo *también, así, como, del mismo modo* o *de esa manera*. Cuando los temas o los conceptos son diferentes, se lee *pero, sin embargo, aunque, mientras que, por otro lado* o *a diferencia de*.

Para aplicar esta destreza, a veces sirve trazar un diagrama de Venn. En este tipo de organizador gráfico, las semejanzas se encuentran en medio, donde los círculos se superponen.

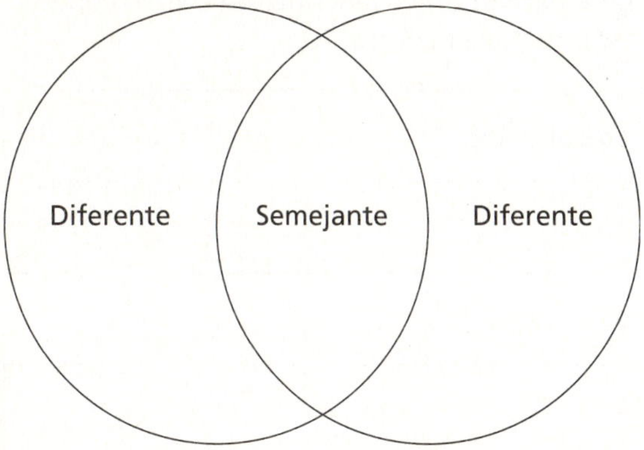

Relacionar causa y efecto

Identificar causas y efectos te ayuda a comprender las relaciones entre sucesos. Una causa es lo que hace que algo suceda. Un efecto es lo que pasa. En las ciencias, muchas acciones son causa de que otras sucedan.

En ocasiones tienes que esforzarte para detectar una relación de causa y efecto en la lectura. Busca claves que te ayuden a identificar causas y efectos. Busca *porque, entonces, dado que, por tanto, resulta que, causa* o *lleva a*.

A veces una relación de causa y efecto se concatena. Por ejemplo, un efecto puede tener más de una causa o una causa puede tener varios efectos. Ver y comprender las relaciones te permite comprender los procesos científicos. Puedes usar un organizador gráfico como el que sigue.

Causa		Efecto
	→	
	→	

Formular preguntas

Tu libro está organizado con encabezados y subencabezados. Puedes leer el material bajo los encabezados, convirtiendo estos encabezados en una pregunta. Por ejemplo, puedes cambiar el encabezado "Protégete durante un temblor" por la pregunta "¿Cómo puedo protegerme durante un temblor?". Formular estas preguntas te permitirá buscar las respuestas mientras lees. Puedes usar un organizador gráfico como el que sigue para formular preguntas.

Pregunta	Respuesta

Ordenar en serie

Ordenar en serie significa indicar el orden en que se da una serie de sucesos. Mientras lees, busca palabras clave que indiquen la secuencia o el orden en que suceden las cosas. Verás palabras como *primero, después, luego* o *finalmente*. Cuando se describa un proceso, busca pasos numerados. A veces se dan claves al lector. La destreza de lectura de ordenar en serie te ayuda a comprender y visualizar los pasos de un proceso. También puedes aplicarla para redactar una lista de sucesos en el orden en que tienen lugar.

Puedes usar un organizador gráfico para mostrar la secuencia de los sucesos o pasos. El más usado es un diagrama de flujo, como el que sigue.

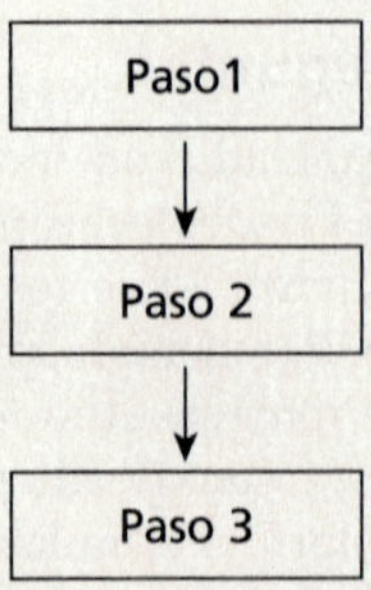

Pero a veces funciona mejor un diagrama de ciclo.

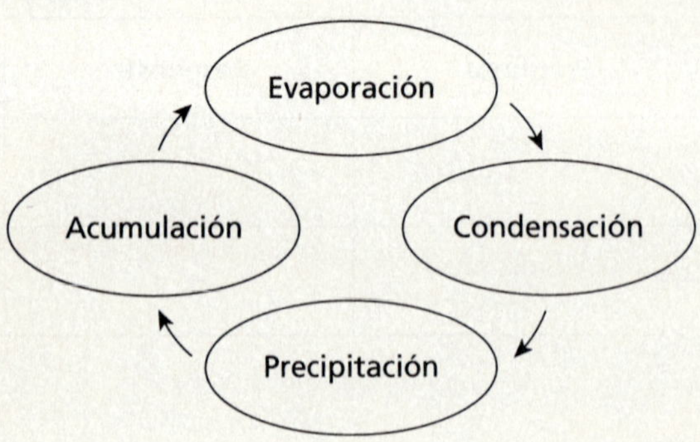

Usar el conocimiento previo

Usa tu conocimiento previo para relacionar lo que lees con algo que ya sabes. Es más fácil aprender si vinculas las ideas nuevas con algo que ya conoces. Por ejemplo, si sabes que los peces respiran oxígeno disuelto en el agua, puedes comprender cómo o por qué funcionan las branquias.

Usar el conocimiento previo te ayuda a plantear premisas lógicas o a sacar conclusiones acerca de lo que lees. Pero ten cuidado: puede ser que tus conocimientos previos estén equivocados. Mientras lees, confirmas o corriges esos conocimientos.

Usa un organizador gráfico como el que sigue para unir el conocimiento previo con lo que aprendas mientras lees.

Lo que sabes
1.
2.
3.

Lo que aprendiste
1.
2.
3.

Examinar ayudas visuales

Mirar las ayudas visuales antes de leer te sirve para comprender mejor un tema. Cuando examines las ayudas visuales, lee los rótulos y las leyendas. Por ejemplo, si examinas las ayudas visuales de un capítulo sobre volcanes, verás más que fotos sobre volcanes en erupción. Verás mapas, diagramas y fotografías de rocas, que indican que vas a aprender dónde se encuentran los volcanes, cómo se forman y qué rocas se forman cuando hacen erupción. Examinar las ayudas visuales te sirve para comprender y disfrutar lo que has leído.

Una manera de aplicar esta estrategia es elegir para examinar algunas fotografías, diagramas y otras ayudas visuales. Luego, escribe preguntas sobre lo que veas. Responde a las preguntas mientras lees.

Identificar evidencia de apoyo

En las ciencias lees acerca de hipótesis. Una hipótesis es una explicación posible de las observaciones hechas por los científicos o una respuesta a una pregunta científica. Una hipótesis se pone a prueba una y otra vez. Las pruebas arrojan datos que respaldan la hipótesis. Cuando se reúnen suficientes datos, una hipótesis puede convertirse en teoría.

Identificar evidencia de apoyo en tu lectura te ayuda a comprender una hipótesis o teoría. Las evidencias están compuestas por hechos. Los hechos son información que se confirma mediante pruebas o por observación.

Cuando identificas evidencia de apoyo, es útil un organizador gráfico como el que sigue.

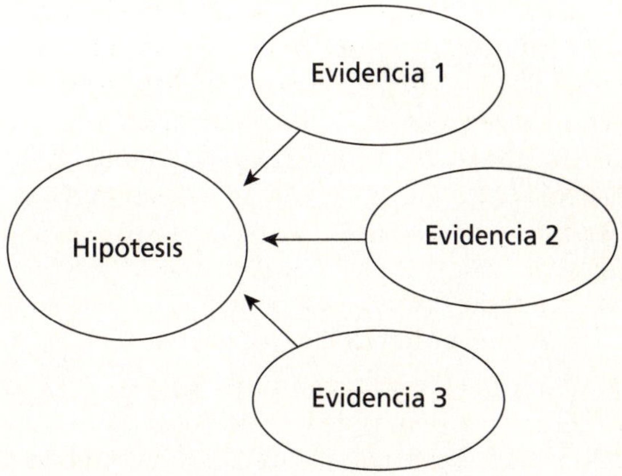

Desarrollar el vocabulario

Para comprender lo que dice alguien, tienes que conocer el idioma en que habla. Para comprender las ciencias, tienes que saber el significado de las palabras.

Hay muchas maneras de desarrollar tu vocabulario. Puedes buscar el significado de una palabra nueva en un diccionario o glosario. Luego, puedes escribir su definición con tus propias palabras. Puedes usar la palabra nueva en una oración. Para averiguar el significado de una palabra, toma las claves de contexto o las palabras circundantes. Busca prefijos y sufijos en la palabra nueva que te ayuden a descomponerla. Desarrollar el vocabulario se vuelve más fácil con la práctica.

Nombre ______________________ Fecha ________________ Clase __________

El aire que te rodea (págs. 6 a 9)

Esta sección describe la atmósfera de la Tierra, es decir, la capa de gases que rodea al planeta.

Uso de las destrezas clave de lectura

Mientras examinas los encabezados de la sección, escribe lo que sabes sobre la atmósfera en el recuadro Lo que sabes. *Mientras lees la sección, completa el recuadro* Lo que aprendiste.

Lo que sabes
1. La atmósfera contiene oxígeno.
2.
3.

Lo que aprendiste
1.
2.
3.

El aire que te rodea *(continuación)*

Introducción (pág. 6)

1. El estado de la atmósfera de la Tierra en una hora y lugar particulares se llama ______________________.
2. ¿Qué es la atmósfera de la Tierra?

____

____

Composición de la atmósfera (págs. 7 a 8)

3. Rotula las dos partes mayores de la gráfica con los gases que representan.

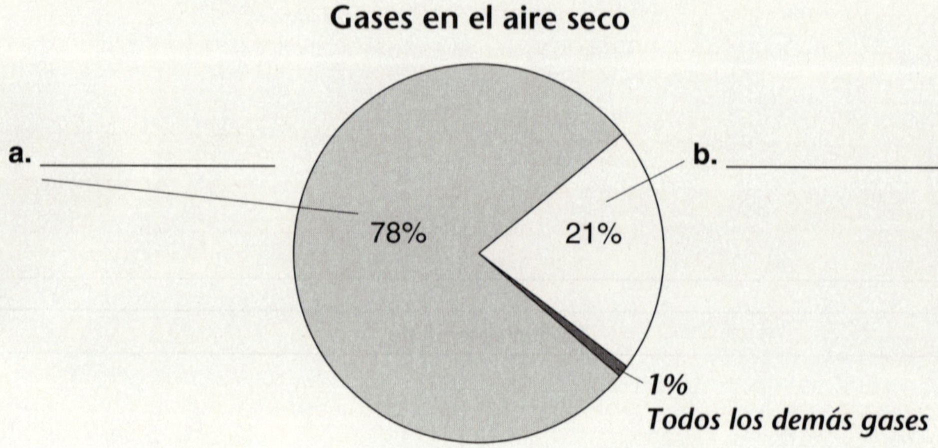

c. Usa la gráfica para estimar cuántas veces más nitrógeno que oxígeno hay en la composición del aire. ______________________

d. ¿Qué porcentaje del aire se compone de nitrógeno y oxígeno juntos? ______________________

4. Encierra en un círculo la letra de cada oración que sea verdadera sobre el nitrógeno.
   - **a.** Los seres humanos no respiran nitrógeno.
   - **b.** Una molécula de nitrógeno tiene dos átomos de nitrógeno.
   - **c.** El nitrógeno es un gas.
   - **d.** El nitrógeno abunda más en la composición del aire que cualquier otro gas.

5. Encierra en un círculo la letra de cada oración que sea verdadera sobre el oxígeno.
   - **a.** Es necesario para los animales pero no para las plantas.
   - **b.** Es necesario para liberar la energía de los alimentos.
   - **c.** Lo liberan los combustibles cuando arden.
   - **d.** Puede formar ozono cuando interactúa con los rayos.

6. Encierra en un círculo la letra de cada oración que sea verdadera sobre el dióxido de carbono.
   a. Es esencial para la vida.
   b. Las plantas y los animales lo liberan como producto de desecho.
   c. Los animales lo usan para digerir su alimento.
   d. Es necesario para que los combustibles ardan.

7. ¿Es verdadera o falsa la siguiente oración? El dióxido de carbono por sí solo compone casi el 1 por ciento del aire seco. ____________

8. ¿Qué partículas contiene el aire?

____

____

____

9. El agua en forma de gas se llama ____________.

10. ¿Es verdadera o falsa la siguiente oración? El vapor de agua es lo mismo que el vapor. ____________

11. ¿Qué función tiene el vapor de agua en el tiempo meteorológico terrestre?

____

____

____

____

Importancia de la atmósfera (pág. 9)

12. ¿Cómo hace la atmósfera terrestre que las condiciones de la Tierra sean adecuadas para los seres vivos?

____

____

____

____

____

Presión del aire (págs. 10 a 14)

Esta sección describe varias propiedades del aire, incluidas la densidad y la presión del aire. También explica cómo se mide la presión del aire y cómo cambia con la altitud.

Uso de las destrezas clave de lectura

Mientras lees sobre las propiedades del aire, llena los recuadros con detalles que explican la idea principal del organizador gráfico que sigue.

Idea principal

Como el aire tiene masa, también...

Detalle	**Detalle**
a.	**b.**

Introducción (pág. 10)

1. Supón que no llevas carga alguna sobre tu espalda. ¿Por qué tienes todavía presión sobre tus hombros?

____

____

Propiedades del aire (pág. 11)

2. Encierra en un círculo la letra de cada oración que sea verdadera sobre el aire.
   - **a.** El aire tiene masa porque se compone de átomos y moléculas.
   - **b.** Como el aire tiene masa, también tiene densidad y presión.
   - **c.** Cuanto más moléculas hay en un volumen de aire determinado, mayor es su densidad.
   - **d.** Cuanto mayor es la densidad del aire, menor presión ejerce.

3. Completa la tabla de causa y efecto para mostrar la relación entre la masa, el volumen y la densidad.

CAUSA		EFECTO
Si la masa	**y el volumen**	**entonces, la densidad**
aumenta	no cambia,	**a.**
b.	no cambia,	disminuye.
no cambia	disminuye,	**c.**
no cambia	**d.**	disminuye.

e. Usa la información de la tabla para escribir una o dos oraciones acerca de la relación entre la masa, el volumen y la densidad.

____

____

____

____

____

Medir la presión del aire (págs. 12 a 13)

4. Un instrumento que se usa para medir la presión del aire es un(a) ____________________.

5. ¿Qué diferencia hay entre las formas en que se indica la presión del aire en un barómetro de mercurio y en un barómetro aneroide?

____

____

____

____

6. Traza una línea en el tubo de cristal para mostrar dónde podría estar el nivel del mercurio si bajara la presión del aire.

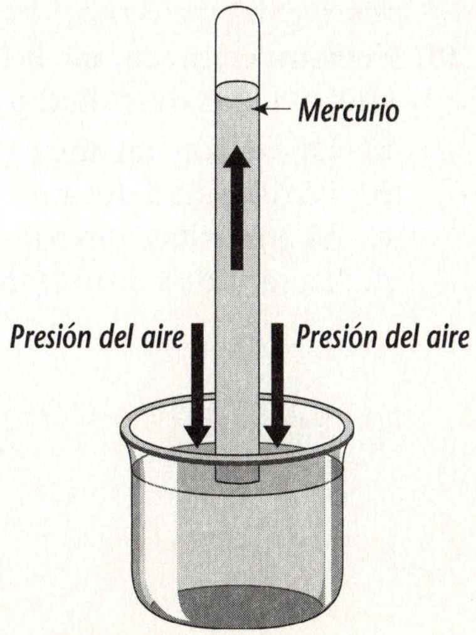

Presión del aire *(continuación)*

7. Dos unidades diferentes para medir la presión del aire son ________________________ y ________________________.

8. Si la presión del aire es de 30 pulgadas, ¿cuántos milibares de presión del aire hay allí?

____

____

Altitud y propiedades del aire (págs. 13 a 14)

9. Otra palabra para la elevación, o la altura sobre el nivel del mar, es ____________________.

10. ¿Es verdadera o falsa la siguiente oración? A medida que aumenta la altitud también aumenta la presión del aire. ________________________

11. ¿Es verdadera o falsa la siguiente oración? Al disminuir la presión del aire lo mismo ocurre con su densidad. ________________________

12. ¿Por qué es mayor la presión del aire al nivel del mar que en la cima de una montaña?

____

____

____

13. ¿Es verdadera o falsa la siguiente oración? Al aumentar la altitud también aumenta la densidad del aire. ________________________

14. Explica por qué los alpinistas llevan a veces tanques de oxígeno cuando suben una montaña.

____

____

____

15. Encierra en un círculo la letra de cada oración que ayude a explicar por qué tendrías más dificultad para respirar a grandes altitudes que al nivel del mar.

a. La presión del aire es mayor a grandes altitudes.
b. La densidad del aire es mayor a grandes altitudes.
c. El porcentaje de oxígeno en el aire es más bajo a grandes altitudes.
d. La cantidad de oxígeno en cada aspiración es menor a grandes altitudes.

Nombre ______________________ Fecha ________________ Clase __________

Capas de la atmósfera (págs. 16 a 21)

Esta sección describe las cuatro capas principales de la atmósfera.

Uso de las destrezas clave de lectura

Mientras examinas la Figura 9 en tu libro de texto, escribe preguntas en los espacios correspondientes en el organizador gráfico. Mientras lees, anota las respuestas bajo las preguntas.

Capas de la atmósfera

P. ¿Dónde está la capa de ozono?
R.
P.
R.

Introducción (págs. 16 a 17)

1. Las cuatro capas principales de la atmósfera se clasifican según los cambios en el (la) ____________________.

La troposfera (pág. 18)

2. Encierra en un círculo la letra de cada oración que sea verdadera sobre la troposfera.

- **a.** Es la capa más baja de la atmósfera de la Tierra.
- **b.** Tiene condiciones menos variables que otras capas.
- **c.** Es donde se genera el tiempo meteorológico de la Tierra.
- **d.** Es la capa de menor profundidad de la atmósfera.

3. ¿Es verdadera o falsa la siguiente oración? La troposfera contiene casi toda la masa de la atmósfera. ____________________

4. ¿Es verdadera o falsa la siguiente oración? A medida que aumenta la altitud en la troposfera también sube la temperatura. ____________________

Capas de la atmósfera *(continuación)*

5. ¿Cómo varía la troposfera con la altura?

____

____

____

6. ¿Es verdadera o falsa la siguiente oración? En la parte más alta de la troposfera cesa el descenso de temperatura. ____________________

La estratosfera (pág. 19)

7. ¿A qué distancia se extiende la estratosfera sobre la superficie de la Tierra?

____

____

8. Encierra en un círculo la letra de cada oración que sea verdadera sobre la estratosfera.
   - **a.** La temperatura de la estratosfera baja es de unos –60 °C.
   - **b.** La estratosfera superior es más fría que la estratosfera baja.
   - **c.** La porción media de la estratosfera contiene una capa de ozono.
   - **d.** El ozono de la estratosfera refleja la energía del Sol.

La mesosfera (pág. 20)

9. ¿Dónde comienza la mesosfera?

____

____

10. Encierra en un círculo la letra de cada oración que sea verdadera sobre la mesosfera.
    - **a.** Contiene la capa de ozono.
    - **b.** Las temperaturas llegan a los –90 °C en la mesosfera más externa.
    - **c.** Protege la superficie de la Tierra del impacto de la mayoría de los meteoroides.
    - **d.** Termina a 320 kilómetros sobre el nivel del mar.

La termosfera (págs. 20 a 21)

11. Encierra en un círculo la letra de cada oración que sea verdadera sobre la termosfera.

a. Es la capa más externa de la atmósfera.
b. Su aire está muy enrarecido.
c. No tiene límite exterior definido.
d. Empieza a 320 kilómetros sobre el nivel del mar.

12. ¿Por qué está tan caliente la termosfera?

____

____

____

____

____

13. ¿Por qué un termómetro ordinario indicaría una temperatura baja en la termosfera?

____

____

____

____

14. Enumera las capas de la atmósfera y describe dónde comienza cada una sobre la superficie de la Tierra.

a. ____

b. ____

15. A las brillantes proyecciones de luz que se producen en la ionosfera se les llama ____________________.

Calidad del aire (págs. 22 a 25)

Esta sección describe las sustancias dañinas que hay en el aire y explica por qué pueden afectar a la gente y las cosas. También describe lo que se ha hecho para mejorar la calidad del aire.

Uso de las destrezas clave de lectura

Mientras lees sobre la calidad del aire, completa el esquema para mostrar la relación entre los encabezados.

Calidad del aire

I. Fuentes de contaminación
  A. Fuentes naturales
  B. ______________________
II. ______________________
  A. ______________________
  B. ______________________
  C. ______________________
III. ______________________

Introducción (pág. 22)

1. Las sustancias dañinas que hay en el aire, el agua o la tierra se conocen como ________________.

2. ¿Cómo puede afectar la contaminación del aire a la salud humana?

____

____

____

____

Fuentes de contaminación (pág. 23)

3. Encierra en un círculo la letra de cada oración que sea verdadera sobre las causas de la contaminación del aire.

a. Parte de la contaminación del aire se produce en forma natural.
b. Parte de la contaminación del aire tiene su causa en actividades humanas.
c. Los vehículos de motor causan casi la mitad de la contaminación del aire por actividades humanas.
d. El trabajo del campo no es causa de la contaminación del aire.

4. ¿Cuáles son algunas de las fuentes naturales de las partículas de la atmósfera?

____

____

____

5. A la neblina café que se forma sobre las ciudades soleadas, como Los Ángeles, se le llama ______________________.

Calidad del aire *(continuación)*

Neblina tóxica y lluvia ácida (pág. 24)

6. Encierra en un círculo la letra de cada oración que sea verdadera sobre la neblina tóxica fotoquímica.

a. Se forma por la acción de la luz solar sobre las sustancias químicas.

b. Se forma cuando las partículas del humo se combinan con gotitas de agua del aire.

c. Forma el ozono, que causa daño a los seres vivos.

d. Es una mezcla del ozono con otros contaminantes del aire.

7. ¿Qué efectos tiene el ozono en las personas y las cosas?

____

____

____

8. ¿Es verdadera o falsa la siguiente oración? Un resultado de la contaminación del aire es la lluvia ácida. ____________________

9. Completa el diagrama de flujo para mostrar las causas, los resultados y los efectos relacionados con la lluvia ácida.

La combustión de carbón mineral con alto contenido de azufre
produce ↓
a. _______________________________
que se combinan con ↓
b. _______________________________
para formar ↓
ácido sulfúrico
que se combina con las partículas para formar ↓
c. _______________________________
que daña ↓
los árboles, lagos y lagunas

Calidad del aire *(continuación)*

d. Identifica la causa del óxido de azufre. ______________________

e. ¿Cómo puede el ácido sulfúrico ser un resultado y también una causa? ______________________

f. ¿Cuál es el efecto final de quemar carbón mineral con alto contenido de azufre? ______________________

10. ¿Es verdadera o falsa la siguiente oración? La lluvia no es ácida por naturaleza. ______________________

11. La lluvia que contiene más ácido de lo normal se conoce como ______________________.

12. ¿Cómo puede la lluvia ácida afectar a árboles como los pinos y abetos?

____

____

____

13. ¿Cómo puede la lluvia ácida dañar lagos y lagunas?

____

____

____

____

Mejoramiento de la calidad del aire (pág. 25)

14. ¿Es verdadera o falsa la siguiente oración? La calidad del aire en Estados Unidos ha empeorado en general a lo largo de los últimos 30 años. ______________________

15. ¿Es verdadera o falsa la siguiente oración? El aire de muchas ciudades estadounidenses está contaminado todavía. ______________________

Nombre ____________________ Fecha ______________ Clase __________

Términos clave

Relaciona cada definición de la izquierda con el término correcto de la derecha. Luego escribe el número de cada término en la casilla correspondiente de la parte inferior. Cuando hayas llenado todas las casillas, suma los números de cada columna, fila y dos diagonales. Las sumas deberán ser iguales.

Definiciones

A. Envoltura de gases que rodea a la Tierra

B. Forma del oxígeno con tres átomos en lugar de dos

C. Sustancia dañina en el aire, el agua o la tierra

D. Cantidad de masa en un volumen determinado

E. Fuerza que actúa sobre un área

F. Distancia sobre el nivel del mar

G. Segunda capa más baja de la atmósfera de la Tierra

H. Capa más externa de la atmósfera de la Tierra

I. Capa externa de la termosfera

Términos

1. termosfera
2. atmósfera
3. altitud
4. contaminante
5. presión
6. estratosfera
7. densidad
8. exosfera
9. ozono

			= ___ (diagonal)
A ___	B ___	C ___	= ___
D ___	E ___	F ___	= ___
G ___	H ___	I ___	= ___
= ___	= ___	= ___	= ___ (diagonal)

Nombre ______________________ Fecha ________________ Clase __________

Energía en la atmósfera de la Tierra (págs. 36 a 39)

Esta sección explica cómo se calienta la atmósfera, es decir, el aire que rodea a la Tierra.

Uso de las destrezas clave de lectura

Mientras lees sobre cómo llega la energía del Sol a la superficie de la Tierra, completa el diagrama de flujo para mostrar el orden de los sucesos.

Cómo obtiene energía la atmósfera de la Tierra

El Sol emite energía

↓

La energía viaja a la Tierra como radiación electromagnética

↓

a. ____________________

↓

b. ____________________

↓

c. ____________________

Energía del Sol (págs. 36 a 37)

1. ¿Es verdadera o falsa la siguiente oración? Casi la mitad de la energía de la atmósfera de la Tierra viene del Sol. ____________________

2. La energía del Sol viaja a la Tierra como ____________________.

3. ¿Es verdadera o falsa la siguiente oración? Las ondas electromagnéticas se clasifican por su longitud de onda, o distancia entre las ondas. ____________________

4. La transferencia directa de la energía por las ondas electromagnéticas se llama ______________.

Relaciona el tipo de radiación con su descripción.

	Tipo de radiación	Descripción
____	**5.** luz visible	**a.** Es una mezcla de todos los colores del arco iris.
____	**6.** radiación infrarroja	**b.** Tiene longitudes de onda más cortas que las de la luz violeta.
____	**7.** radiación ultravioleta	**c.** Tiene longitudes de onda más largas que las de la luz roja.

8. ¿Cuál es la causa de los diferentes colores de la luz visible?

____

____

____

9. ¿Es verdadera o falsa la siguiente oración? La luz roja tiene una longitud de onda más corta que la luz azul. ____________________

10. Encierra en un círculo la letra de cada oración que sea verdadera sobre la radiación infrarroja.
    a. Es invisible.
    b. Puede sentirse como calor.
    c. Tiene longitudes de onda más largas que las de la luz roja.
    d. Causa quemaduras solares.

11. Encierra en un círculo la letra de cada oración que sea verdadera sobre la radiación ultravioleta.
    a. Constituye la mayor parte de la energía del Sol que llega a la Tierra.
    b. Puede causar cáncer de la piel y lesiones en los ojos.
    c. Tiene longitudes de onda más largas que las de la luz violeta.
    d. Puede causar quemaduras solares.

Energía en la atmósfera (pág. 38)

12. ¿Qué sucede con la energía solar que no es reflejada ni absorbida por la atmósfera?

____

____

13. ¿Qué absorbe la energía solar en la atmósfera?

____

____

____

14. ¿Qué refleja la energía solar en la atmósfera?

____

____

15. El reflejo de la luz en todas direcciones se llama ____________________.

16. Encierra en un círculo la letra de cada oración que sea verdadera sobre la dispersión.
    a. Las longitudes de onda cortas de la luz visible se dispersan menos que las longitudes de onda largas.
    b. La luz azul se dispersa menos que la luz roja.
    c. La luz dispersa es más azul que la luz solar ordinaria.
    d. La dispersión explica por qué el cielo diurno se ve azul.

Nombre ______________________ Fecha ______________ Clase __________

Energía en la atmósfera de la Tierra *(continuación)*

Energía en la superficie de la Tierra (pág. 39)

17. La energía absorbida por la tierra y el agua se transforma en ______________________.

18. ¿Es verdadera o falsa la siguiente oración? Cuando la superficie de la Tierra se calienta, radia la mayor parte de la energía de vuelta a la atmósfera como radiación ultravioleta. ______________________

19. ¿Qué absorbe la mayor parte de la energía radiada por la superficie de la Tierra?

____

____

____

20. El proceso por el cual los gases retienen el calor en el aire se llama ______________________.

21. ¿Es verdadera o falsa la siguiente oración? El efecto invernadero es un proceso natural. ______________________

Nombre ______________________ Fecha _______________ Clase __________

Transferencia de calor (págs. 42 a 45)

Esta sección explica cómo se mide la temperatura y cómo se relaciona con el calor. También describe tres formas en las cuales se puede transferir el calor de un objeto más caliente a otro más frío.

Uso de las destrezas clave de lectura

Mientras lees sobre la transferencia de calor, completa el esquema para mostrar la relación entre los encabezados.

Transferencia de calor

I. Energía térmica y temperatura
  A. ________________________________
  B. ________________________________
II. ________________________________
  A. ________________________________
  B. ________________________________
  C. ________________________________
  D. ________________________________

Energía térmica y temperatura (pág. 43)

1. ¿Es verdadera o falsa la siguiente oración? Cuanto más rápido se mueven las partículas de una sustancia más energía tienen. ____________________

2. La energía total del movimiento de las partículas de una sustancia se llama ____________________.

3. La cantidad promedio de la energía del movimiento de cada partícula de una sustancia se llama ____________________.

4. ¿Es verdadera o falsa la siguiente oración? La temperatura es la medida de lo caliente o fría que está una sustancia. ____________________

5. La temperatura del aire se suele medir con un ____________________.

6. ¿Cómo funciona un termómetro?

____

____

____

____

Transferencia de calor *(continuación)*

7. Completa la tabla para comparar y contrastar, que muestra la diferencia entre dos escalas de temperatura.

Escalas de temperatura		
Escala	**Punto de congelación del agua**	**Punto de ebullición del agua**
Celsius	**a.**	**b.**
Fahrenheit	**c.**	**d.**

e. ¿La temperatura es 50° más caliente en la escala Celsius o en la Fahrenheit? Explica tu respuesta comparando los números de la tabla.

____

____

____

Cómo se transfiere el calor (págs. 44 a 45)

8. La energía que se transfiere de un objeto más caliente a uno más frío se llama ____________________.

9. ¿Es verdadera o falsa la siguiente oración? La radiación es la transferencia directa de energía mediante ondas electromagnéticas. ____________________

10. La transferencia directa del calor de una sustancia a otra con la que está en contacto se llama ____________________.

11. Encierra en un círculo la letra de cada oración que sea verdadera sobre la conducción.

a. Funciona bien en algunos sólidos.
b. Funciona bien en los metales.
c. Funciona mejor en los líquidos.
d. Funciona muy bien en el aire.

12. La transferencia de calor por el movimiento de un fluido se llama ____________________.

Relaciona el tipo de transferencia de calor con su ejemplo.

Transferencia de calor

____ **13.** radiación

____ **14.** conducción

____ **15.** convección

Ejemplo

a. El agua caliente que sube dentro de un recipiente en una estufa

b. Quemarte los pies al caminar descalzo sobre arena caliente

c. Sentir la calidez del Sol en tu cara

Factores del tiempo ▪ *Orientación al estudio y a la lectura*

16. En el dibujo, rotula cada una de las formas por las cuales se transfiere el calor en la troposfera.

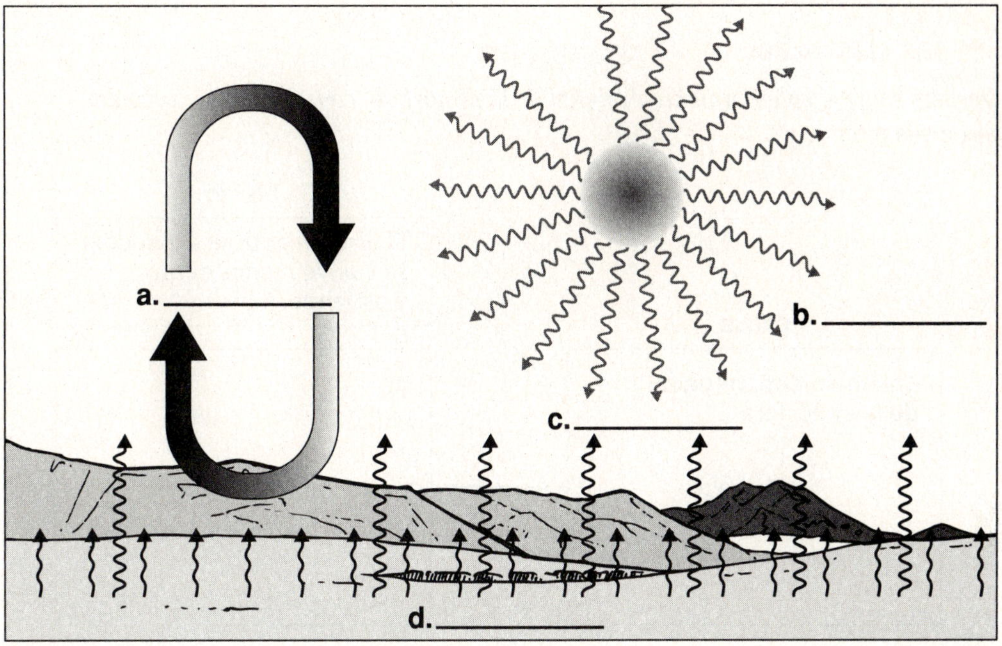

17. La troposfera se calienta principalmente por ________________________.

18. El movimiento ascendente del aire caliente y el descendente del aire frío forman ________________________.

Vientos (págs. 46 a 52)

Esta sección explica lo que causa los vientos y cómo se miden. También describe los diferentes tipos de vientos que soplan en la superficie de la Tierra.

Uso de las destrezas clave de lectura

Mientras lees sobre el calentamiento desigual de la atmósfera, completa el organizador gráfico con sus efectos.

Causa

Calentamiento desigual de la atmósfera

Efecto

El aire caliente se expande, se vuelve menos denso y asciende.

a.

b.

¿Qué es el viento? (pág. 47)

1. El movimiento horizontal del aire de un área de alta presión a otra de baja presión se llama ______________________.

2. ¿Es verdadera o falsa la siguiente oración? La causa de los vientos son las diferencias en la presión del aire. ______________________

Relaciona el instrumento con lo que mide.

	Instrumento	**Lo que mide**
____	**3.** veleta	**a.** velocidad del viento
____	**4.** anemómetro	**b.** dirección del viento

5. ¿Es verdadera o falsa la siguiente oración? Un viento sur sopla hacia el sur.
____

6. Al enfriamiento creciente que un viento puede causar se le llama ______________________.

Nombre ____________________ Fecha ______________ Clase __________

7. ¿Por qué te hace sentir más frío el viento que sopla sobre tu piel?

____

____

Vientos locales (pág. 48)

8. Los vientos que soplan en distancias cortas se llaman ____________________.

9. ¿Qué causa los vientos locales?

____

____

10. Encierra en un círculo la letra de cada oración que sea verdadera sobre el calentamiento desigual de la Tierra y el agua.
    - **a.** La tierra se calienta más rápido que el agua.
    - **b.** Durante el día, el aire sobre el agua es más caliente que el aire sobre tierra.
    - **c.** El agua se enfría más rápido que la tierra.
    - **d.** De noche, el aire sobre el agua es más frío que el aire sobre tierra.

11. Rotula el dibujo que muestra una brisa marina y el que muestra una brisa terrestre.

a. ____________________

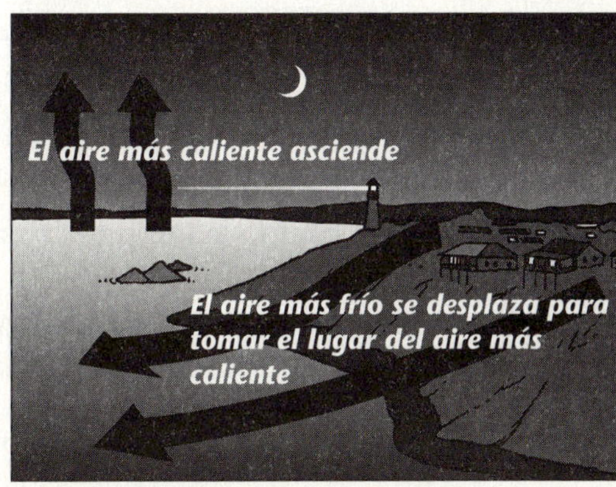

b. ____________________

Vientos globales (pág. 49)

12. Los vientos que soplan fijamente desde rumbos específicos en distancias largas se llaman ____________________.

13. Encierra en un círculo la letra de cada oración que sea verdadera sobre los vientos globales.
    - **a.** Se crean por el calentamiento desigual de la superficie de la Tierra.
    - **b.** Se producen por el movimiento del aire entre el ecuador y los polos.
    - **c.** Soplan en línea recta desde los polos hacia el ecuador.
    - **d.** Se curvan debido a la rotación de la Tierra.

Vientos *(continuación)*

14. Mientras la Tierra gira, el efecto de Coriolis hace que los vientos en el hemisferio norte den vuelta hacia el (la) ____________________.

Cinturones de vientos globales (págs. 50 a 52)

15. Entre las áreas de calma en la Tierra están las ____________________ y la ____________________.

16. Completa la tabla para comparar y contrastar, que muestra las diferencias entre los principales cinturones de vientos.

Dirección de los cinturones de vientos globales	
Cinturón de vientos	**Dirección en que sopla**
Alisios o vientos del comercio	**a.**
Vientos dominantes del oeste	**b.**
Vientos polares del este	**c.**

d. Supón que estás navegando de América Central a Asia a lo largo del ecuador. ¿Qué vientos te ayudarían a acelerar tu viaje?____________________

17. Encierra en un círculo la letra de cada oración que sea verdadera sobre las corrientes de chorro.

a. Tienen lugar a unos 100 kilómetros sobre la superficie de la Tierra.
b. Son de cientos de kilómetros de ancho.
c. Soplan de este a oeste.
d. Soplan a velocidades de 200 a 400 kilómetros por hora.

Nombre ______________________ Fecha ________________ Clase__________

Agua en la atmósfera (págs. 54 a 60)

Esta sección explica lo que es la humedad y cómo se mide. También explica cómo se forman las nubes y describe los diferentes tipos de nubes.

Uso de las destrezas clave de lectura

Mientras examinas los encabezados en rojo de esta sección, escribe preguntas en la columna izquierda del organizador gráfico. Mientras lees, completa la columna derecha con las respuestas.

El ciclo del agua

Pregunta	**Respuesta**
¿Cómo actúa el ciclo del agua?	**a.**
b.	**c.**
d.	**e.**
f.	**g.**

Introducción (pág. 54)

1. El proceso por el cual las moléculas del agua líquida escapan al aire como vapor de agua se llama ______________________.

2. ¿Qué es el ciclo del agua?

____

____

Agua en la atmósfera *(continuación)*

Humedad (págs. 55 a 56)

3. Una medida de la cantidad de vapor de agua en el aire es ____________________.

4. ¿Qué es la humedad relativa?

____

____

____

5. Encierra en un círculo la letra de cada oración que sea verdadera sobre la humedad relativa.

a. Es un porcentaje.
b. Es todo el vapor de agua que el aire puede retener.
c. Depende de la temperatura del aire.
d. Mide lo caliente que se siente.

6. La humedad relativa se puede medir con un(a) ____________________.

7. Encierra en un círculo la letra de cada oración que sea verdadera sobre cómo funciona un psicrómetro.

a. El termómetro de bulbo seco se enfría por evaporación cuando sopla el viento.
b. Cuanto más alta es la humedad, más rápidamente se evapora el agua del bulbo.
c. La lectura del termómetro de bulbo húmedo es siempre más alta que la del termómetro de bulbo seco.
d. Cuando la humedad relativa es alta, no hay mucha diferencia entre las lecturas de los termómetros de bulbo húmedo y bulbo seco.

Cómo se forman las nubes (pág. 57)

8. ¿Es verdadera o falsa la siguiente oración? Las nubes se forman cuando el vapor de agua del aire se condensa para formar agua líquida o cristales de hielo.

____

Relaciona el término con su definición.

	Término	Definición
____	**9.** condensación	**a.** Hielo que se ha depositado sobre una superficie a temperatura por debajo del punto de congelación
____	**10.** punto de rocío	**b.** Agua que se condensa del aire sobre una superficie más fría
____	**11.** rocío	**c.** Temperatura en la que empieza la condensación
____	**12.** escarcha	**d.** Proceso por el cual las moléculas de vapor de agua se vuelven agua líquida

13. Encierra en un círculo la letra de cada oración que sea verdadera sobre la condensación del vapor de agua.

a. Se produce cuando el aire se hace más caliente.
b. Puede ocurrir sobre superficies frías.
c. Explica por qué se forman las nubes.
d. Puede formarse sobre partículas de polvo.

Tipos de nubes (págs. 58 a 60)

Relaciona el tipo de nube con el tipo de tiempo meteorológico correspondiente.

	Tipo de nube	Tipo de tiempo meteorológico
____	**14.** cúmulo	**a.** Buen tiempo
____	**15.** nimboestrato	**b.** Se acerca una tormenta
____	**16.** cirrocúmulo	**c.** Tormentas eléctricas
____	**17.** cumulonimbo	**d.** Llovizna, lluvia o nieve

18. Encierra en un círculo la letra de cada oración que sea verdadera sobre los tipos de nubes.

a. Los cúmulos suelen ser señal de que se acerca una tormenta.
b. Los cumulonimbos y nimboestratos producen lluvia o nieve.
c. Los altoestratos se presentan más bajos que los estratos regulares.
d. Los cirros están formados por cristales de hielo.

Nombre ____________ Fecha ____________ Clase ____________

Precipitación (págs. 61 a 65)

Esta sección explica cómo se producen la lluvia, la nieve y otros tipos comunes de precipitación y cómo se miden. También describe cómo los científicos tratan de producir lluvia de las nubes.

Uso de las destrezas clave de lectura

Mientras examinas los encabezados de la sección, escribe lo que sabes sobre la precipitación en el recuadro Lo que sabes. *Mientras lees la sección, completa el recuadro* Lo que aprendiste.

Lo que sabes
1. La precipitación puede ser de lluvia o nieve.
2.
3.

Lo que aprendiste
1.
2.
3.

Introducción (pág. 61)

1. ¿Qué es la precipitación?

____

____

____

2. ¿Es verdadera o falsa la siguiente oración? Todas las nubes producen precipitación.

____

Tipos de precipitación (págs. 62 a 64)

3. Completa la tabla para comparar y contrastar, que muestra tres tipos de precipitación.

Tipo de precipitación	Descripción y tamaño
Lluvia	**a.**
Aguanieve	**b.**
Granizo	**c.**

d. ¿En qué se parecen y en qué se diferencian la lluvia, el aguanieve y el granizo?

____

____

____

____

e. Ordena los tamaños de la lluvia, el aguanieve y el granizo de menor a mayor.

____

f. ¿Qué tipo de precipitación por lo general causa el mayor daño al golpear contra el suelo?

____

____

4. ¿Es verdadera o falsa la siguiente oración? La clase más común de precipitación es la nieve. ______________

5. ¿En qué difieren la neblina y la llovizna de la lluvia?

____

____

6. ¿En qué forma puede la lluvia helada causar fallas en el suministro de corriente eléctrica?

____

____

____

Precipitación *(continuación)*

Relaciona el tipo de precipitación con la manera en que se forma.

	Precipitación		Cómo se forma
____	**7.** aguanieve	**a.**	El vapor de agua en una nube se convierte directamente en cristales de hielo.
____	**8.** lluvia helada	**b.**	Las bolitas de hielo se van recubriendo de más capas de hielo al ser acarreadas por vientos ascendentes y descendentes dentro de un cumulonimbo.
____	**9.** granizo	**c.**	Las gotas de lluvia se congelan después de caer en tierra o sobre otras superficies frías.
____	**10.** nieve	**d.**	Las gotas de lluvia se congelan como diminutas partículas de hielo al caer a través del aire.

11. ¿Qué daño pueden causar los granizos grandes?

____

____

____

12. Los períodos largos de precipitación inusitadamente baja se llaman ________________________.

13. Encierra en un círculo la letra de cada oración que sea verdadera sobre la siembra de nubes.

a. Se ha usado desde la década de 1940 para producir lluvia durante las sequías.
b. Agrega vapor de agua al aire para que se formen nubes.
c. Agrega partículas diminutas a las nubes para que el vapor de agua se pueda condensar.
d. No ha resultado muy eficaz para producir la precipitación.

Medición de la precipitación (págs. 64 a 65)

14. Los meteorólogos suelen recolectar la precipitación con un(a) ________________.

15. ¿Es verdadera o falsa la siguiente oración? En promedio, 10 centímetros de nieve contienen aproximadamente la misma cantidad de agua que 5 centímetros de lluvia.

____

Nombre ____________________ Fecha ______________ Clase __________

Términos clave

Pon a prueba tus conocimientos sobre los términos clave del capítulo resolviendo el crucigrama.

Verticales

2. Instrumento usado para medir la velocidad del viento
3. Medida de la cantidad de vapor de agua en el aire
4. Reflejo de la luz en todas direcciones
5. Períodos largos de precipitación inusitadamente baja
7. Energía transferida de un objeto más caliente a uno más frío

Horizontales

1. Tipo de brisa que sopla de un océano o un lago a tierra
6. Cantidad promedio de energía de movimiento de una sustancia
8. Nubes compuestas principalmente de cristales de hielo que se forman a gran altura sobre la Tierra
9. Nubes que se forman en capas planas
10. Transferencia de calor por los movimientos de un fluido

Masas y frentes de aire (págs. 72 a 79)

Esta sección describe enormes volúmenes de aire, llamados masas de aire, y explica cómo se mueven. También explica cómo el encuentro de diferentes masas de aire afecta al tiempo meteorológico.

Uso de las destrezas clave de lectura

Mientras lees sobre los cuatro tipos de frentes, completa la tabla para comparar y contrastar que sigue.

Tipos de frentes

Frente	Cómo se forma	Tipo de tiempo
Frente frío	Una masa de aire frío rebasa a una masa de aire tibio.	**a.**
Frente tibio	**b.**	**c.**
Frente ocluido	**d.**	**e.**
Frente estacionario	**f.**	**g.**

Introducción (pág. 72)

1. ¿Qué es una masa de aire?

____

____

____

Tipos de masas de aire (págs. 73 a 74)

2. Los científicos clasifican las masas de aire por su ____________________ y su ____________________.

3. ¿Es verdadera o falsa la siguiente oración? Las masas de aire polar tienen baja presión de aire. ____________________

Nombre ______________________ Fecha ________________ Clase __________

4. Completa la tabla para comparar y contrastar, que muestra los tipos de masas de aire y sus características.

Tipos de masas de aire y sus características

Tipo de masa de aire	**Características**
a.	Tibio y húmedo
b.	Frío y húmedo
c.	Tibio y seco
d.	Frío y seco

e. ¿En qué se parecen y en qué se diferencian la masa de aire marítimo tropical y la de aire marítimo polar?

____

____

f. ¿ En qué se parecen y en qué se diferencian la masa de aire continental tropical y la de aire continental polar?

____

____

Cómo se mueven las masas de aire (pág. 75)

5. En la parte continental de Estados Unidos, los principales cinturones de viento por lo general empujan las masas de aire de ____________________ a ____________________.

6. ¿Cómo afectan las corrientes de chorro a las masas de aire?

____

____

Tipos de frentes (págs. 76 a 77)

7. Rotula los dibujos para señalar un frente frío y un frente cálido.

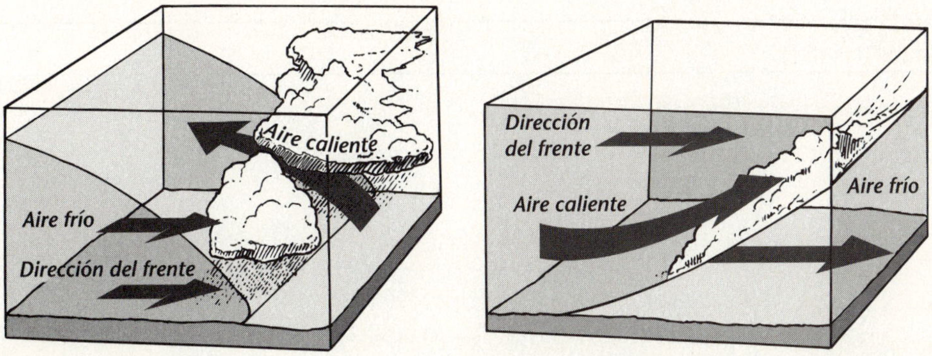

a. ____________________ **b.** ____________________

Nombre ______________________ Fecha ________________ Clase __________

Masas y frentes de aire *(continuación)*

Relaciona el tipo de frente con la forma en que se produce.

Tipo de frente	Cómo se forma
_____ **8.** frente frío	**a.** Una masa de aire caliente en movimiento asciende sobre una masa de aire frío que se mueve lentamente.
_____ **9.** frente cálido	**b.** Una masa de aire caliente queda atrapada entre dos masas de aire más frío.
_____ **10.** frente estacionario	**c.** Una masa de aire frío en rápido movimiento se desliza bajo una masa de aire caliente más lenta.
_____ **11.** frente ocluido	**d.** Una masa de aire frío y una masa de aire caliente se encuentran y quedan detenidas sobre un área.

12. Encierra en un círculo la letra de cada oración que sea verdadera sobre los frentes.

a. Los frentes fríos pueden traer fuertes tormentas eléctricas.
b. Los frentes cálidos se asocian con nubes y lluvia.
c. Los frentes estacionarios pueden traer muchos días de nubosidad y precipitación.
d. Los frentes ocluidos siempre traen buen tiempo.

Ciclones y anticiclones (págs. 78 a 79)

13. Un centro de torbellino de baja presión del aire se llama ______________________.

14. ¿Es verdadera o falsa la siguiente oración? Los vientos giran en espiral entrante hacia el centro de un ciclón. ______________________

15. ¿Qué tipo de tiempo meteorológico se asocia con los ciclones?

____

____

____

16. ¿Es verdadera o falsa la siguiente oración? Los vientos en un anticiclón giran en el sentido de las manecillas del reloj en el hemisferio norte. ______________________

17. ¿Qué tipo de tiempo meteorológico se asocia con los anticiclones?

____

____

____

Nombre ______________________ Fecha ________________ Clase __________

Patrones del clima ▪ *Orientación al estudio y a la lectura*

Tormentas (págs. 80 a 89)

Esta sección explica cómo se forman las tronadas, los tornados, los huracanes y las tormentas de nieve. También describe medidas de seguridad que las personas pueden tomar en los diferentes tipos de tormentas.

Uso de las destrezas clave de lectura

Mientras lees sobre cómo se forman los huracanes, completa el diagrama de flujo para mostrar el orden de los sucesos.

Formación de huracanes

Comienza como un área de baja presión sobre agua caliente, o como una perturbación tropical

↓

El aire caliente y húmedo sube y empieza a girar en espiral

↓

a.

↓

b.

Introducción (pág. 80)

1. ¿Qué es una tormenta?

____

Tronadas (págs. 81 a 82)

2. Encierra en un círculo la letra del tipo de nubes en el que se forman las tronadas.

   a. cúmulos
   b. nimbos
   c. nimboestratos
   d. cumulonimbos

3. La descarga repentina de energía entre partes de una nube, entre nubes cercanas o entre una nube y el suelo se llama ____________________.

4. Encierra en un círculo la letra de cada oración que sea verdadera sobre el trueno.

   a. Es la causa del rayo.
   b. Lo oyes después de ver el rayo que lo causó.
   c. Ocurre porque el rayo calienta el aire.
   d. Ocurre porque la luz viaja más rápido que el sonido.

Tormentas *(continuación)*

5. Una inundación repentina y violenta que se produce pocas horas, o incluso minutos, después de una tormenta se llama ____________________

6. Encierra en un círculo la letra de cada oración que sea una forma de mantenerte seguro durante una tronada.
   a. Evita tocar aparatos electrodomésticos.
   b. Sal del agua si estás nadando.
   c. No uses el teléfono.
   d. Sal del auto y refúgiate debajo de un árbol.

Tornados (págs. 82 a 85)

7. ¿Qué es un tornado?

____

____

____

8. ¿Es verdadera o falsa la siguiente oración? Los tornados se forman en el mismo tipo de nubes en las que se generan las tronadas. ____________________

9. Encierra en un círculo la letra de cada oración que sea verdadera sobre dónde y cuándo se producen los tornados.
   a. Los tornados se presentan con mayor probabilidad a fines del verano y principios del otoño.
   b. Los tornados se producen con mayor frecuencia en las Grandes Llanuras.
   c. Los tornados se producen con mayor frecuencia en Estados Unidos que en cualquier otro país.
   d. Los tornados se producen sólo en unas cuantas partes de Estados Unidos.

10. Completa el diagrama de flujo para mostrar el orden de los sucesos en la formación de una tronada.

1. El aire caliente es forzado a subir a lo largo de **a.** ____________________ .
↓
2. A medida que el aire asciende, **b.** ____________________ .
↓
3. Cae **c.** ____________________ .

11. ¿Cuál es el lugar más seguro para refugiarse durante un tornado?

____

____

____

Huracanes (págs. 86 a 87)

12. Encierra en un círculo la letra de cada oración que sea verdadera sobre un huracán.

- **a.** Es una tormenta tropical.
- **b.** Tiene vientos de por lo menos 320 kilómetros por hora.
- **c.** Por lo general alcanza unos 60 kilómetros de ancho.
- **d.** Se forma sobre el agua.

13. El centro de un huracán se llama el (la) ____________________.

14. ¿Es verdadera o falsa la siguiente oración? Los huracanes no duran tanto como otras tormentas. ____________________

15. La "cúpula" de agua que barre la costa por donde toma tierra el huracán se llama ____________________.

16. ¿Es verdadera o falsa la siguiente oración? Si oyes una alarma de huracán y se te dice que hay que evacuar, debes salir de la zona inmediatamente.

____

Tormentas *(continuación)*

Tormentas de invierno (págs. 88 a 89)

17. ¿Cuándo cae nieve?

____

____

18. Encierra en un círculo la letra de cada oración que sea verdadera sobre la nieve de efecto lago.

a. Se produce en Detroit y Chicago.
b. Se produce porque la tierra se enfría más rápidamente que el agua.
c. Se produce en las riberas sur y oeste de los Grandes Lagos.
d. Se produce cuando el aire húmedo asciende sobre un cuerpo de agua y más tarde se enfría sobre tierra.

19. ¿Qué debes hacer si te atrapa una tormenta de nieve?

____

____

____

____

____

Nombre ______________________ Fecha __________________ Clase ____________

Predecir el tiempo (págs. 92 a 98)

Esta sección explica la forma como los científicos predicen el tiempo futuro y por qué es difícil predecirlo con precisión. También explica cómo hay que leer los mapas meteorológicos.

Uso de las destrezas clave de lectura

Mientras miras el mapa del tiempo meteorológico, escribe preguntas en los espacios apropiados del organizador gráfico. Luego, mientras lees la información sobre los mapas meteorológicos, escribe las respuestas bajo las preguntas.

Mapa del tiempo meteorológico

P. ¿Qué tipo de frente se localiza al oeste de la ciudad de Oklahoma?
R.
P.
R.
P.
R.

El pronóstico del tiempo (pág. 93)

1. Los científicos que estudian las causas del tiempo y tratan de predecirlo se llaman ______________________.

2. Encierra en un círculo la letra de cada opción que sea una fuente de información del tiempo para los meteorólogos.

a. radar
b. sismógrafos
c. instrumentos transportados por globos sonda
d. satélites

Predecir el tiempo *(continuación)*

Tecnología del tiempo (págs. 94 a 95)

3. ¿En qué dos áreas las mejoras en la tecnología han aumentado la precisión de los pronósticos del tiempo?

____

____

4. ¿Es verdadera o falsa la siguiente oración? Los pronósticos del tiempo para más de tres días nunca son confiables. ____________________

5. Llena los espacios en blanco del diagrama de flujo para mostrar el orden de los sucesos en el pronóstico del tiempo.

Paso 1 Los datos del tiempo meteorológico se obtienen mediante instrumentos transportados por globos sonda, **a.** ____________ y **b.** ____________
↓
Paso 2 Los datos se envían a un(a) **c.** ____________________
↓
Paso 3 Se hacen muchos cálculos.
↓
Paso 4 Los científicos llamados **d.** ____________ usan la información.
↓
Paso 5 Se prepara un **e.** ____________________ .

f. ¿Qué ocurre con los cálculos del paso 3 si cambian los datos reunidos en el paso 1?

____

____

g. ¿Cómo cambiaría esto lo que se preparó en el paso 5?

____

____

6. Encierra en un círculo la letra de cada oración que sea verdadera sobre los globos sonda o satélites meteorológicos.

a. Los globos sonda pueden transportar instrumentos a gran altura en la estratosfera.

b. Los globos sonda con frecuencia llevan instrumentos que miden la temperatura, la presión del aire y la humedad.

c. El primer satélite meteorológico se lanzó en 1940.

d. Los satélites meteorológicos toman fotografías de la Tierra desde la exosfera.

7. Encierra en un círculo la letra de cada oración que sea verdadera sobre los pronósticos del tiempo por computadora.

a. Rara vez se usan las computadoras para pronosticar el tiempo.

b. Los pronósticos por computadora se basan en condiciones del tiempo informadas por diversas estaciones meteorológicas.

c. Las computadoras sólo hacen pronósticos de largo alcance de una semana o más.

d. Cuando llegan datos nuevos del tiempo, se hacen nuevos pronósticos.

Lectura de mapas meteorológicos (págs. 96 a 98)

8. ¿Qué datos se indican con símbolos en un mapa meteorológico?

____

____

____

____

9. ¿Qué temperatura, presión de aire y dirección del viento se indican con este símbolo en la estación meteorológica?

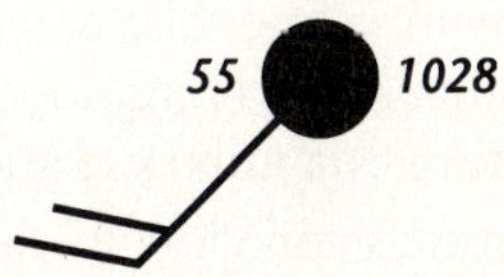

____

____

Relaciona el término con su definición.

Término	Definición
____ **10.** isobaras	**a.** Líneas en un mapa meteorológico que unen lugares que tienen la misma temperatura
____ **11.** isotermas	**b.** Líneas en un mapa meteorológico que unen lugares que tienen la misma presión de aire

12. ¿Qué muestran los símbolos estándar de los mapas meteorológicos de los periódicos?

____

____

13. ¿Es verdadera o falsa la siguiente oración? El "efecto mariposa" se refiere al hecho de que un pequeño cambio en el tiempo de ahora puede significar un gran cambio en el estado del tiempo futuro. ____________________

Nombre ______________________ Fecha ________________ Clase __________

Términos clave

Resuelve las claves escribiendo en los espacios en blanco los términos clave del capítulo. Luego, escribe las letras con números en el orden correcto para conocer el mensaje oculto.

Claves	Términos clave
1. Tipo de masa de aire que se forma en los trópicos	___ ___ ___ ___ ___ ___ ___ ___ 1 (letra 1), 2 (letra 3)
2. Chispa o descarga eléctrica repentina que salta entre partes de una nube, entre nubes cercanas o entre una nube y el suelo	___ ___ ___ ___ 3 (letra 1)
3. Perturbación violenta de la atmósfera	___ ___ ___ ___ ___ ___ ___ ___ 4 (letra 4), 5 (letra 5)
4. Tormenta tropical con vientos de 119 kilómetros o más por hora	___ ___ ___ ___ ___ ___ ___ 6 (letra 7)
5. Tipo de masa de aire que se forma sobre los océanos	___ ___ ___ ___ ___ ___ ___ ___ 7 (letra 5), 8 (letra 8)
6. Tipo de masa de aire que se forma al norte de los 50° de latitud norte o al sur de los 50° de latitud sur	___ ___ ___ ___ ___ 9 (letra 1)
7. Líneas en un mapa que unen lugares que tienen la misma temperatura	___ ___ ___ ___ ___ ___ ___ ___ ___ 10 (letra 5)
8. Tipo de frente en el cual una masa de aire caliente queda cortada del suelo por el aire frío debajo de ella	___ ___ ___ ___ ___ ___ ___ 11 (letra 3), 12 (letra 5)
9. Científico que estudia las causas del tiempo y trata de predecirlo	___ ___ ___ ___ ___ ___ ___ ___ ___ ___ ___ 13 (letra 10)
10. Nube en forma de embudo que gira vertiginosamente desde una nube de tormenta para hacer contacto con la superficie de la Tierra	___ ___ ___ ___ ___ ___ ___ 14 (letra 3), 15 (letra 7)
11. Líneas en un mapa que unen lugares que tienen la misma presión de aire	___ ___ ___ ___ ___ ___ ___ ___ 16 (letra 2), 17 (letra 7)

Mensaje oculto

___ ___ ___ ___ ___ ___ ___ ___
1 2 3 4 5 6 7 8

___ ___ ___ ___ ___ ___ ___ ___ ___
9 10 11 12 13 14 15 16 17

¿Cuáles son las causas del clima? (págs. 108 a 115)

Esta sección describe los factores que determinan el clima, o las condiciones promedio a largo plazo del tiempo meteorológico en un área. También explica qué causa las estaciones.

Uso de las destrezas clave de lectura

La primera columna de la tabla enumera los términos clave de esta sección. Mientras lees la sección, escribe una oración en la segunda columna usando cada término clave y con tus propias palabras. Tienes como ejemplo el primer término.

Término clave	Oración con el término clave
Clima	El clima son las condiciones promedio del tiempo meteorológico que hay en un área en un período largo.
Microclima	
Zona tropical	
Zona polar	
Áreas templadas	
Clima marino	
Clima continental	
Barlovento	
Sotavento	
Monzón	

Nombre ______________________ Fecha ______________ Clase __________

¿Cuáles son las causas del clima? *(continuación)*

Introducción (pág. 108)

1. Las condiciones promedio, año tras año, de temperatura, precipitación, vientos y nubes de un área son su ____________________.

2. A un área pequeña con condiciones climáticas que difieren de las que la rodean se le llama ____________________.

Factores que afectan la temperatura (págs. 109 a 111)

3. ¿Cuáles son los factores principales que influyen en la temperatura?

____

____

4. Hace más frío en latitudes altas porque los rayos del Sol caen siempre en un ángulo ____________________.

5. Enumera las tres zonas de temperatura de la superficie de la Tierra basadas en la latitud.

a. ____________________ **b.** ____________________

c. ____________________

6. Completa la siguiente tabla para comparar y contrastar que muestra la relación entre las zonas de temperatura, latitud y ángulo de los rayos del Sol.

Zona de temperatura	La latitud está entre	Ángulo de los rayos del Sol
a. ______________	23.5° norte y **b.** ______________	Directos o casi directos todo el año
Templada	**c.** ______________ y 23.5° a 66.5° sur	Más directos en verano; menos directos en **d.** ______________
e. ______________	**f.** ______________ ______________	Menos directos todo el año

g. Usa la tabla para escribir una o dos oraciones acerca de la relación entre la latitud y el ángulo en que caen los rayos del Sol.

____

____

h. El clima de las áreas templadas ¿es en verano más parecido al de una zona polar o al de una zona tropical? Usa la información de la tabla para explicar tu respuesta.

____

____

7. ¿Es verdadera o falsa la siguiente oración? Las áreas de gran altitud tienen climas frescos, no importa cuál sea su latitud. ______________________

Relaciona el tipo de clima con su descripción.

	Tipo de clima	Descripción
____	**8.** clima marino	**a.** Inviernos relativamente tibios y veranos frescos
____	**9.** clima continental	**b.** Inviernos fríos y veranos templados o calurosos

10. Encierra en un círculo la letra de cada oración que sea verdadera sobre cómo las corrientes oceánicas influyen en los climas.

a. Las corrientes oceánicas influyen en muchos climas marinos.
b. Sólo las corrientes oceánicas cálidas influyen en los climas.
c. La Deriva del Atlántico Norte le da a Irlanda un clima cálido pese a su latitud.
d. La Corriente de California le da a la costa occidental un clima cálido pese a su latitud.

Factores que afectan la precipitación (págs. 112 a 113)

11. Enumera los factores que afectan la precipitación.

a. ______________________

b. ______________________

c. ______________________

12. ¿Es verdadera o falsa la siguiente oración? Los vientos que soplan tierra adentro desde los océanos llevan menos agua que los que soplan desde la tierra.

____

13. Encierra en un círculo la letra de cada oración que sea verdadera sobre el efecto de las cadenas montañosas en la precipitación.

a. La precipitación cae principalmente del lado de sotavento de las montañas.
b. El lado de barlovento de las montañas se halla bajo una sombra de lluvia.
c. A medida que el aire pasa sobre una cadena montañosa, su vapor de agua se condensa formando nubes.
d. La precipitación suele caer del lado de la montaña donde pega al viento.

¿Cuáles son las causas del clima? *(continuación)*

Las estaciones (págs. 114 a 115)

14. ¿Es verdadera o falsa la siguiente oración? En el hemisferio norte hace más frío durante el invierno porque la Tierra está a mayor distancia del Sol.

____

15. Cuando la Tierra está en la posición que se muestra en el dibujo, ¿qué estación es en el hemisferio norte?

____

____

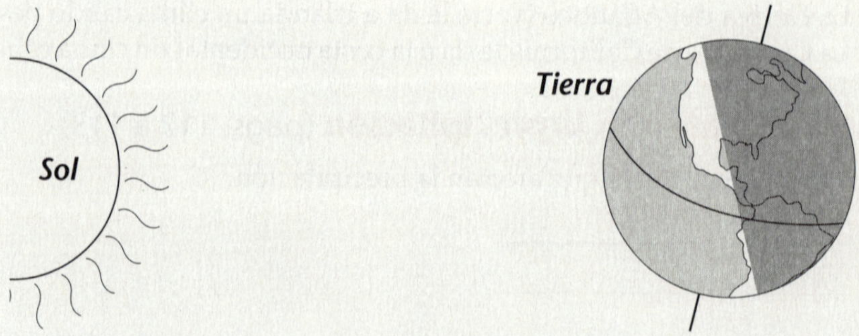

16. Encierra en un círculo la letra de cada oración que sea verdadera sobre el eje de la Tierra.

a. El eje apunta siempre en la misma dirección.
b. El extremo norte del eje señala hacia un punto apartado del Sol durante todo el año.
c. Cuando es invierno en el hemisferio sur, el extremo sur del eje apunta hacia el Sol.
d. En marzo y septiembre, ningún extremo del eje apunta hacia el Sol.

17. ¿Por qué la superficie de la Tierra está más caliente en el hemisferio norte durante el verano?

____

____

____

Regiones climáticas (págs. 118 a 127)

Esta sección explica cómo los científicos clasifican los climas, y describe cinco regiones climáticas principales.

Uso de las destrezas clave de lectura

Mientras lees sobre las seis principales regiones climáticas, llena los espacios en blanco del organizador gráfico que sigue para comparar y contrastar la precipitación y la temperatura de cada región.

Regiones climáticas

Región climática	Precipitación	Temperatura
Tropical lluviosa	Precipitación abundante	
Seca		
Templada marina		
Templada continental		
Polar		
De tierras altas		

Introducción (pág. 118)

1. ¿Cuáles son los dos factores principales que utilizan los científicos para clasificar los climas?

____

2. Haz una lista de las seis regiones climáticas principales.

a. ____________________ **b.** ____________________

c. ____________________ **d.** ____________________

e. ____________________ **f.** ____________________

3. ¿Es verdadera o falsa la siguiente oración? Las regiones climáticas están delimitadas por fronteras claras. ____________________

Nombre ____________________ Fecha ________________ Clase ________

Regiones climáticas *(continuación)*

Climas tropicales lluviosos (pág. 119)

4. Encierra en un círculo la letra de cada oración que sea verdadera sobre un clima tropical húmedo.

a. Tiene gran precipitación pluvial todo el año.
b. Hace calor todo el año.
c. Los bosques tropicales crecen en este tipo de clima.
d. Florida tiene este tipo de clima.

5. Encierra en un círculo la letra de cada oración que sea verdadera sobre un clima tropical húmedo y seco.

a. Tiene una estación lluviosa y otra seca.
b. Hace calor todo el año.
c. Los pastizales crecen en este tipo de clima.
d. Hawai tiene este tipo de clima.

Climas secos (pág. 122)

6. A las regiones áridas, que reciben menos de 25 centímetros de lluvia al año, también se les llama ____________________.

7. ¿En dónde están los climas áridos en Estados Unidos?

____

____

____

8. A una región árida pero que recibe la lluvia suficiente para que crezcan pastos pequeños y arbustos bajos se le llama ____________________.

9. La región de estepas de Estados Unidos son las (los) ____________________.

Climas templados marinos (págs. 123 a 124)

10. Completa la tabla para comparar y contrastar, que muestra los diferentes tipos de climas marinos.

Climas templados marinos		
Tipo de clima	**Características**	**Región de Estados Unidos**
a. ____________	Fresco y húmedo	Pacífico Noroeste
Mediterráneo	**b.** ____________	**c.** ____________
d. ____________	Cálido y húmedo	**e.** ____________

f. Describe la relación entre localización y temperatura de un clima templado marino en Estados Unidos.

____

____

Climas templados continentales (pág. 125)

11. Encierra en un círculo la letra de cada oración que sea verdadera sobre los climas templados continentales.

a. Se encuentran en los hemisferios norte y sur.
b. Los océanos influyen mucho en ellos.
c. Tienen temperaturas extremas.
d. Se encuentran en la parte noreste de Estados Unidos.

12. ¿Es verdadera o falsa la siguiente oración? Los climas continentales húmedos reciben menos precipitación en verano que en invierno. ____________________

13. ¿Cómo son los veranos y los inviernos en los climas subárticos?

____

____

Climas polares (pág. 126)

14. ¿Es verdadera o falsa la siguiente oración? El clima polar es la región climática más fría. ____________________

15. ¿Es verdadera o falsa la siguiente afirmación? Las plantas no pueden crecer en los climas de casquete polar. ____________________

16. Al suelo de la tundra permanentemente congelado se le llama ____________________.

Tierras altas (pág. 127)

17. ¿En qué difieren los climas de las tierras altas de los de las regiones circundantes?

____

____

18. El clima por arriba de la línea arbórea es como el de ____________________.

Cambios en el clima a largo plazo (págs. 130 a 134)

Esta sección explica cómo los científicos aprenden sobre los climas del pasado y describe el tiempo de aquel entonces, cuando el hielo cubría grandes regiones de la Tierra. También da algunas razones posibles de por qué han cambiado los climas.

Uso de las destrezas clave de lectura

Mientras lees sobre la evidencia de que el clima cambia, completa el organizador gráfico. Incluye al menos un detalle para cada elemento de prueba.

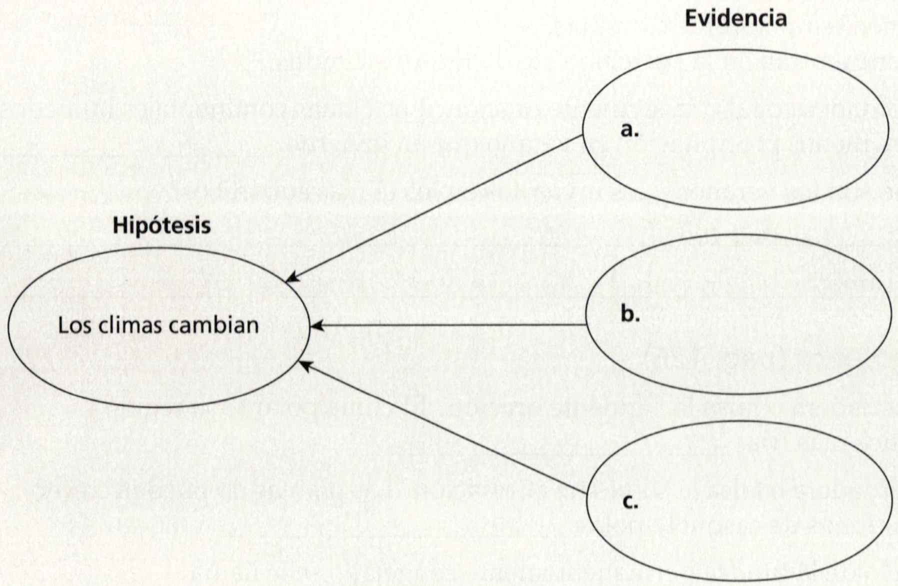

Estudio del cambio climático (pág. 131)

1. Encierra en un círculo la letra de cada opción que proporcione evidencia de climas antiguos.

a. fósiles
b. anillos de árbol
c. registros de polen
d. mapas meteorológicos

2. ¿Por qué los científicos creen que Groenlandia tenía un clima cálido y húmedo hace 80 millones de años?

____

____

____

____

3. ¿Es verdadera o falsa la siguiente oración? Un anillo delgado de árbol indica que el año fue cálido o húmedo. ____________________

4. Los científicos pueden inferir información sobre los climas antiguos identificando el tipo de ____________________ depositado por las plantas hace mucho tiempo.

Glaciaciones (pág. 132)

5. Encierra en un círculo la letra de cada oración que sea verdadera sobre las glaciaciones.

a. Durante las glaciaciones, los glaciares cubrieron toda la superficie de la Tierra.
b. Los glaciares llegaron incluso a Texas y Florida durante la última glaciación.
c. Cada una de las principales glaciaciones duró 100,000 años o más.
d. La última glaciación terminó hace apenas unos 105,000 años.

6. ¿Es verdadera o falsa la siguiente oración? Algunos científicos creen que ahora estamos en un período cálido entre dos glaciaciones. ________________________

7. ¿Por qué el nivel del mar estaba mucho más abajo durante las glaciaciones?

____

____

____

Causas del cambio climático (págs. 133 a 134)

8. ¿Qué cambios en la posición de la Tierra pueden haber afectado los climas?

____

____

____

____

9. Encierra en un círculo la letra de cada oración que sea verdadera sobre las manchas solares.

a. Son regiones oscuras y más frescas en la superficie del Sol.
b. Crecen y decrecen en ciclos de 100 años.
c. Su causa podrían ser los cambios en la cantidad de energía que produce el Sol.
d. Se sabe que son la causa principal de las glaciaciones.

10. ¿Cómo es probable que la actividad volcánica haya afectado la radiación solar y las temperaturas?

____

____

____

11. Encierra en un círculo la letra de cada oración que sea verdadera sobre el movimiento de los continentes de la Tierra.

a. Los continentes siempre han estado donde se encuentran ahora.
b. La mayoría de las tierras de nuestro planeta era parte de un solo continente.
c. Los continentes que están ahora en las zonas polares estuvieron una vez cerca del ecuador.
d. El movimiento de los continentes no ha tenido efecto sobre los climas.

Cambios globales en la atmósfera (págs. 135 a 141)

Esta sección explica cómo las actividades humanas pueden estar elevando la temperatura de la Tierra al cambiar la atmósfera.

Uso de las destrezas clave de lectura

Examina los encabezados en rojo y formula una pregunta con qué *o* cómo *por cada encabezado en el lado izquierdo del organizador gráfico que sigue. Mientras lees sobre el calentamiento global, escribe las respuestas del lado derecho.*

Cambios globales en la atmósfera

Pregunta	Respuesta
¿Qué es El Niño?	

Cambio climático a corto plazo (pág. 136)

1. El movimiento del agua caliente de superficie hacia la costa de América del Sur se conoce como ______________________.

2. Un suceso del clima conocido como ______________________ se da cuando las aguas oceánicas superficiales en el Pacífico oriental están más frías de lo normal.

Calentamiento global (págs. 137 a 139)

3. ¿Es verdadera o falsa la siguiente oración? A lo largo de los últimos 120 años, la temperatura promedio de la troposfera ha subido unos 0.5 °C.

____

Relaciona el término con su definición.

Término	Definición
____ **4.** efecto invernadero	**a.** Proceso por el cual la atmósfera terrestres atrapa la energía solar
____ **5.** calentamiento global	**b.** Aumento gradual en la temperatura de la atmósfera terrestre

6. Los gases de la atmósfera que atrapan la energía solar se llaman ________________.

7. Nombra tres gases de invernadero.

____

____

8. ¿Cómo pueden las actividades humanas estar calentando la atmósfera de la Tierra?

____

____

____

____

9. Encierra en un círculo la letra de cada opción que sea resultado de la quema de madera, carbón, petróleo y gas natural.

a. Se agrega dióxido de carbono al aire.
b. Se evita el calentamiento global.
c. La atmósfera de la Tierra atrapa menos calor.
d. Disminuye la cantidad de dióxido de carbono en el aire.

10. ¿Es verdadera o falsa la siguiente oración? La cantidad de dióxido de carbono en el aire ha estado disminuyendo constantemente. ____________________

11. ¿Es verdadera o falsa la siguiente oración? Todo mundo está de acuerdo acerca de las causas del calentamiento global. ____________________

12. ¿Cómo podrían afectar al clima de la Tierra los cambios en la energía solar?

____

____

____

13. Encierra en un círculo la letra de cada opción que sea un posible efecto del calentamiento global.

a. Lugares que ahora son demasiado fríos para la agricultura podrían volverse cultivables.
b. Los campos fértiles podrían convertirse en "cuencas de polvo".
c. El nivel del mar bajaría.
d. Las áreas costeras bajas podrían inundarse.

Pérdida del ozono (págs. 140 a 141)

14. ¿Es verdadera o falsa la siguiente oración? El ozono en la estratosfera elimina mucha de la radiación ultravioleta dañina del Sol.

____

15. ¿Es verdadera o falsa la siguiente oración? El agujero de ozono sobre la Antártida sigue creciendo año tras año. ____________________

16. ¿Qué son los clorofluorocarbonos, o CFC?

____

____

____

Cambios globales en la atmósfera *(continuación)*

17. Completa el diagrama de flujo.

Los CFC y la pérdida del ozono

Se expiden los CFC al aire.

↓

Los CFC se elevan a la **a.** ______________________.

↓

Los CFC se descomponen y producen átomos de cloro.

↓

Los átomos de **b.** ______________ descomponen el ozono en átomos de **c.** ______________ .

↓

Hay menos ozono entonces para impedir el paso de la **d.** ______________ ______________ .

e. ¿En qué parte de la atmósfera descomponen los CFC el ozono?

____

f. Supón que se eliminaran por completo los CFC. Usando el diagrama de flujo, explica cómo cambiaría la cantidad de luz ultravioleta que llegaría a la Tierra y por qué.

____

____

____

18. ¿Qué ha hecho Estados Unidos y otros países para impedir la pérdida del ozono?

____

____

____

Nombre ______________________ Fecha ______________ Clase __________

Términos clave

Usa las claves que se dan para identificar los términos clave del capítulo. Luego ordena las letras con números para hallar la respuesta del acertijo.

Claves — **Términos clave**

1. Lado de las montañas que está resguardado del viento — _ _ _ _ _ _(1) _ _ _
2. Lado de las montañas donde pega el viento — _ _ _ _(2) _ _ _ _ _ _
3. Clima característico de un área pequeña — _ _ _(3) _ _ _ _(4) _ _ _
4. Región que recibe menos de 25 centímetros de lluvia al año — _ _ _ _(5) _ _ _ _
5. Suelo permanentemente helado que se encuentra en la región climática de la tundra — _ _ _ _(6) _ _ _ _ _ _ _
6. Pradera tropical que se encuentra en el clima tropical húmedo y seco — _ _(7) _ _ _ _
7. Región de clima polar con veranos cortos y frescos, e inviernos agudamente fríos — _ _ _ _ _ _

Acertijo: ¿La condición promedio de temperatura, precipitación, vientos y nubes en un área es?

Respuesta: _(1) _(2)   _(3) _(4) _(5) _(6) _(7)